シリーズ・女の幸せを求めて
生長の家『白鳩』体験手記選②

わが子を信じ続けて

日本教文社編

日本教文社

目次

編者はしがき

信じて待った。勉強をしない息子が大学にはいるまで……（滋賀）山田美由規 5

子どもの〝無限力〟を誉める言葉で引き出した……（愛知）平川康子 15

良い言葉、明るい心を積み重ね、子供はみんな良い子に育つ……（福岡）大内マツノ 23

八人の子ども達から学ばせてもらって……（北海道）岩本幹子 35

たくさんの教え子達から喜びをいただいて……（新潟）大沢喜枝子 46
子供を見つめ、自分を見つめて……（沖縄）伊佐悦子 56
信じて認め、誉めるとき、生命は自然に伸びていく……（愛知）早川紀子 67
息子の使命は？ 最もふさわしい道に導かれて、いま………（東京）宮内喜久子 78
生長の家教化部一覧
生長の家練成会案内

装幀 松下晴美

編者はしがき

この「シリーズ・女の幸せを求めて　生長の家『白鳩』体験手記選」は、生長の家にふれて、幸せを得た女性の体験を紹介する、小社刊行の『白鳩』誌の「体験手記」をテーマ別に精選編纂したものです。本書中の年齢・職業・役職等は同誌に掲載された当時のもので、手記の初出年月はそれぞれの末尾に明記してあります。

シリーズ第二巻の本書は、生長の家の教育法を、家庭や教育の場で実践して、子供を育てた女性の手記を紹介します。子供の「現象」の姿にとらわれる心を捨て、「神の子」本来の素晴らしさを信じて、認め、誉める日々の中で、子供がすくすくと育っていった様子が綴られています。子供の学習指導、受験、進路問題などに悩むお母様方へのよきアドバイスともなる一冊です。

日本教文社第二編集部

信じて待った。勉強をしない息子が大学にはいるまで

滋賀県草津市　山田美由規《やまだみゆき》（45歳）

私は二十五歳で夫・益弘《ますひろ》（現在47歳）とお見合いし、翌年結婚しました。私は京都女子大学を出て、そのまま大学の実験助手として勤めていました。夫は防衛大学校出の自衛隊員で、北海道恵庭《えにわ》市で戦車部隊の中隊長をしていました。

義父は、私たちが結婚した時七十三歳になっており、赤ちゃんが宿ると義父母は大喜びでした。「初孫を手元に」という両親の要望に、夫は自衛隊を辞め、北海道から草津市の実家に帰り、会社勤めをすることになりました。こうして長男・真史《まさし》は、家族の期待を一身に受けて生まれました。

義母の睦《ちか》は生長の家の信徒で、私を集まりに誘ってくれ、私は「夫婦は魂の半身」などの話を聞いて、生長の家が好きになりました。

先生の言うことを聞かない子供

真史は、三年保育の私立幼稚園に入りましたが、半年経った頃から行くのをイヤがりました。音楽祭の大太鼓を厳しく指導されたのがきっかけでした。私は叱《しか》ったり叩《たた》いたりして幼稚園に連れて行きましたが、真史は幼稚園の話をするだけで顔がこわばり、笑顔もなくなりましたので、主人と相談して年末に幼稚園をやめさせました。

やめさせても、学校に行くようになってから「不登校になったら……」と取り越し苦労で落ち着きません。そんなとき生長の家の母親教室*に高木榮作教化部長*(当時)が来られ、私は相談しました。

「先祖供養してますか」と聞かれ、「義母がしています」と答えますと、「あなたは、あなたでしなさい」と指導されました。

先祖供養を続けていくと、ある日「この子は神の子だから大丈夫なんや」と感じたのです。子供の観方《みかた》が〝ダメな子〟から、〝神の子〟に変わったのです。それからは子供も笑うようになりました。

信じて待った。勉強をしない息子が大学にはいるまで

自宅の前で家族とともに。前列右から真史さん、四男・純也ちゃん、美由規さん、睦さん。後列右から三男・直輝君、ご主人・益弘さん。（次男・達也君は外出中）

その後一年間は幼稚園に行かず、公立幼稚園に年長さんから行きました。しかし、そこでもまた先生に叱られます。砂を蹴《け》って舞い上がらせたりするのが好きで、幼稚園の先生が止めても耳を貸さず、自分の好きなことにだけ夢中になってしまうのです。

小学校では、友達も多く、楽しく通っていましたが、勉強は嫌い。先生を悩ませるのも相変わらずです。一年生の時には、黒板のチョークが水を吸い上げるのが面白くて、全部水につけてしまって……。でも、その先生は成績表をくれるときに「お母さんこれを見てがっかりしないで下さい。成績表では書けない良いところがたくさんあるのですから」と言われて、救われた気持ちになりました。

勉強はほとんどせず、外で遊んで過ごしました。「宿題は学校でやってきた」と言うので安心していると、先生から「一度もやってこない」と言われたりもしました。

中学生になって叱ってしまった

私自身も小学生の時には遊んで、中学生になって勉強をはじめましたから、真史もそうかと思っていました。ところが、中学生になると、今度はテレビ・ゲームに夢中です。

社会など百点満点なのに九点で、多くの科目が低空飛行でした。相変わらず勉強に意欲がない子でした。

主人は、常に成績優秀で中学の頃にはよく勉強し、サッカー部で活躍していたのですが、この子はクラブ活動もサボり気味で、ゲームばかりです。既に義父は亡くなっていましたが、元県会議員の地元の名士でしたから、この子を立派に育てなければというプレッシャーはかなりありました。

それで、それまで〝子供が興味を持つことを讃嘆《さんたん》して天才を伸ばす〟〝信じて花が咲くのを待つ〟という生長の家の教育法をしていたのですが、中学生になってからの私は危機感から待てなくなり、再び叱ってしまいました。大人しい子なので、勉強しろと言われれば、机の前に座っているのですが、身が入らず、何も覚えようとしませんでした。

そんな中一の終わり、「悩みを書きなさい」と学校から渡された紙を子供が提出せず机にしまっていました。たまたま引出しが溢《あふ》れていて、その紙が出てきました。

「お母さんがきびしくなった。前は優しかったのに、最近よく怒る」と書いてあります。頭を叩かれた気持ちでした。

生長の家の教育法で育てようと思っていたのに、今まで何をしてきたのだろう……。私は思いきって決意し、真史に「信じているから、どれだけゲームをしても『やめなさい』と言わない。あなたに任せる。勉強しろって言わない」と宣言しました。

「イライラするのはやめて、神の子の素晴らしい姿が出てくるまで待とう」と思い、高校はどこへ行くとか、大学を出なければとか考えないで、この子は中卒でも本人のしたい仕事に就《つ》くのかもしれない、この子の持っているものを引き出す方にまわらなければと思いました。

主人も生長の家の本が好きな人ですから私を後押ししてくれましたが、それでも「誰に似たんやろ、なんでやろ」と考え込みます。私は「私たちに何か勉強することがあるからでしょう」としか答えられません。

真史は、塾の先生が楽しい人なので、喜んで通っていましたが、二年生の一学期の中間テストが終わった時、本人は「できた」と言っていたのに、その割には良くなかったので、塾の先生が叱ったのです。本人はショックだったようで「人生がイヤになった」と言っていました。その後、その先生がフォローしてくれ、「やればできる。やるだけやってみ」と言って下さり、それがきっかけで勉強をはじめました。

とはいえ、本人としてはやっているつもりですが、家に帰ってきたらゲームをして、ちょこっと勉強をして、締めくくりにまたゲームをして寝るという生活です。

義母は教育熱心な人です。テストなどを見ると「もっと教えてやりなさい」と言われます。でも、私は「勉強のことは言わない」と子供に宣言していましたので、義母には「あの子は二階で勉強してます」と言っていました。「言葉には実現する力がある」という生長の家で教わった〝言葉の力〟で何とかなるのではないかという思いでした。

一学期の終わりに学校の先生との面談がありました。真史は中間テストの頃から少し勉強をはじめたのですが、期末テストもその割に点数が良くありませんでした。その時、真史は「頑張ったのに成績が上がらへん」と言いました。先生は「勉強をはじめても一ヵ月や二ヵ月では成績は上がらないよ。一年はかかる」と言われました。

勉強をはじめた！

二学期のテストの時に「社会や英語は嫌いなので勉強したくない」と言うので、私は

「それは捨てちゃえ。好きな理科だけ100点取るつもりでしたらいい」と話しました。それは生長の家の先生が、ハンカチの端《はし》っこを引き上げたら、全部が上がってくるという話をされたので、試すような気持ちで言ったのでした。そしたら、理科で99点とって「100点の子はいないから一番や」と言って帰ってきたのです。それで自信がつき、苦手科目も熱心に勉強するようになりました。

中三の夏休み前に担任の先生が、「中一、中二の成績は悪いのに、中三の成績は良くなっている。中三の勉強の方が難しいのに、その成績がいいなんて、本当は頭いいんやな」と、やればできるという気持ちにさせて下さいました。それからは本当に身が入ってきました。

高校受験では、本命の県立高校とともに私立を受けましたが、両方とも受かり、自信につながりました。

中学を卒業するときの通知票には成績だけではなく、努力するし真面目だし、友達とも協調性があると書いていただき、それがすごくうれしかったです。

県立高校に入学後、先生に言われて代議員になったのですが、その時に真史が「大学入試に有利かもしれないから、僕はやろうと思う」と言ったので、「エッ、大学のことなんて、『勉強したくないから、高校にも行かない』と言っていたのに……」、こんなにも変わるのかとびっくりしました。

その後は、本当に良くするなと思うほど勉強して、「二階で勉強してます」という言葉がその通りになりました。一クラスしかない理数科のクラスに入らせてもらえました。その厳しい勉強に付いて行けたというだけでも、勉強嫌いだった頃から比べると、不思議でたまりません。

大学受験は、大阪電気通信大学情報工学科の公募推薦入試を受けました。受験にはセンター試験による方法など三回のチャンスがあり、そのどれかに引っかかるだろうと思っていましたが、昨年十一月末の最初の試験で早々と合格できました。

現在は大阪・寝屋川《ねやがわ》市まで二時間弱かかって通学し、科目をたくさん取って、四年間で取るうちの半分くらいを一年のうちに取っているようです。

真史は、小学校二年生から夏の生長の家青少年練成会*に参加していました。はじめは大変いやがっていましたが、四年生の時、無限力の話を聞いて、とても感動したようでした。高校生からは練成会のお手伝いもするようになり、今年も手伝ってきました。

四男の純也《じゅんや》が昨年秋に、上の子とずいぶん年が離れて授かりました。純也が生まれてから、上の子供たちが、あの子のところに集まってきて楽しそうに世話をしています。

どの子に対しても、お兄ちゃんの時の経験があるので、成績は気にしません。勉強は本人がやりたくなったらいつかはする。その子の才能はいつ花開くか分からないけれども、待っていれば必ず咲くと思うからです。


(平成十三年十月号　撮影／中橋博文)


*生長の家の母親教室＝生長の家の女性のための組織である「生長の家白鳩会」が主催する母親のための勉強会。お問い合わせは、最寄りの生長の家教化部まで。巻末の「生長の家教化部一覧」を参照。

*教化部長＝生長の家の各教区の責任者。

*練成会＝合宿形式で生長の家の教えを学び、実践するつどい。全国各地で毎月行われている。小学生、中学生練成会など青少年練成会は夏冬などの休みに行われている。お問い合わせ先は、巻末の「生長の家練成会案内」「生長の家教化部一覧」を参照。

子どもの〝無限力〟を誉める言葉で引き出した

愛知県長久手町　平川康子《ひらかわやすこ》（52歳）

我が家は、長男二十一歳、次男十九歳、長女十七歳、三男十四歳の四人の子宝に恵まれています。四人の子は、どの子も陣痛のないまま無痛分娩《ぶんべん》で出産しました。次男の時は、本当に気持ちよくスッーと出産してしまったのです。「無痛分娩」というより「快楽分娩」を体験させていただきました。生長の家では、「無痛分娩」は夫婦調和の顕《あらわ》れだと教えられています。

七年の間に次々と生まれた四人の子どもたち。子育ては確かに大変ではありましたが、やさしい主人の協力と励ましのお蔭《かげ》で、苦労したという思いはありません。むしろ、私に「歓《よろこ》び」をもたらしてくれました。四人の子どもを授かったお蔭で、毎日を忙しく充実して送ることができ、病気らしい病気もせずに、今日まで健康でいられました。

父母会の時など、反抗期の我が子に困っているという話を聞きますが、我が家にはそんな問題は生じませんでした。一般に反抗期といわれる年代にさしかかった我が子に、私は、こうした時期を通して確実に子どもは成長しているのだと信じて、常に長所を見つめ、プラスの言葉をかけて、内に宿る無限力を引き出すようにしてきました。

お蔭で皆順調に成長して、親の私の方が子どもたちに、「ありがとう」と言いたいくらいです。子どもたちは家に帰ってくると、「きょうのお弁当、おいしかったよ」と言ってくれるので、毎朝のお弁当作りにも、益々精《せい》が出ます。

家の中では無口な主人は、鏡の前で自分に向かって、「いい顔してるな」と言ってみたり、「いい仕事ができて有難いな」「きょうもガンバルぞ」と言って、本当にいい顔をして出勤します。そんな主人に「あなた素敵よ」と、洋服のコーディネイトを誉《ほ》めて送り出すのも、私の歓びの一つです。お互い〝コトバの力〟を生かし合うと、毎日、明るい家庭生活が送れます。

「子どもは遊びの中から勉強することを教えられました」と平川さん

子守歌

私は名古屋で生まれ育ち、昭和四十六年に恋愛結婚をしました。主人の会社が東京にあったため、東京は武蔵野市で新婚生活が始まりました。そして一年後には、さらに奥まった高尾山の麓《ふもと》に移り、そこで七年近くを過ごす間に、長男、次男、長女の三人の子どもを授かり、その後主人が名古屋に転勤してから、三男を授かりました。

子どもたちが小さい頃は、生長の家で教えられた〝コトバの力〟を大いに活用したものです。子どもたちを寝かせる時には、替《か》え歌の子守歌を歌って聞かせました。「○○ちゃん、いい子ね」と、名前を入れて、わが子を讃嘆しながら眠りにつかせました。

長男は一歳になると庭の土いじりをはじめ、土の中から出てくる虫を相手に、夢中になって遊ぶようになりました。その姿を見て、〝この子は虫が好きなんだな〟と思い、子どもは遊びのなかから勉強するということを、教えられました。

その長男は、大学受験の時、希望校の国立一本に絞《しぼ》り、現役合格を果した今、大学で生物学を学んでいます。

子どもたちの勉強に関しては、親の立場からはあまり無理押ししませんでした。どちらかといえば、スポーツを盛んにやらせたほうです。

明るく、伸び伸びと育った四人の子どもたちに強く言っていたことは、玄関での靴の並べ方でした。長男は小学生の時に、学校のトイレのスリッパをきれいに並べ替えて、校長先生に誉められたことがあります。それを知った私が、何かご褒《ほう》びをあげようかと言ったとき、長男は「頭をさすってくれればいい」と言ったのを、今でも覚《おぼ》えています。

私の子育ては、「叱る」よりも「誉める」ことを実践してきたように思います。

神様からの贈物

六人きょうだいの末っ子である私は、父に無条件に可愛がられ、叱られた記憶があまりありません。一方、母は、兄たちがイタズラをすると、倉に入れて謝《あやま》るまで出さないというくらい厳しい人でした。

実家は士族の出で華道の家元でした。家の雰囲気はあまり明るいとはいえず、どこか封建的なところがありました。でも、厳しくても明るかった母は、日頃から「ありがとうね」「ありがとうね」と、やさしい言葉をかけてくれました。

　生長の家との出会いは、結婚する前の年でした。信仰心の篤《あつ》かった母は、毎年、三重県のある神社へお参りしておりましたが、その年、私もたまたま同行し、食事のため神社近くの食堂へ母と二人で入りました。そこで、生長の家の月刊誌『光《ひかり》の泉《いずみ》』*を初めて手にしたのです。〝人間は神の子〟であり、目に見える「現象世界」の奥に、本当の世界、完全円満な「実相世界」があると書かれていました。〝こんな世界があったのか〟と感動し、そこに紹介されていた『生命《せいめい》の實相《じっそう》』*をさっそく取り寄せ、真理を学ぶようになりました。素直に教えを受け入れることができた私にとって、生長の家は、神様が自然に導いてくださった贈物のような気がいたします。

　主人との出会いは、こうしたことがあった後でした。主人はとても心あたたかく、子煩悩《ぼんのう》で、子どもが赤ちゃんの時は、よく抱いて散歩しながらあやしてくれました。長男が一人歩きするようになると、また次の赤ちゃんを欲しがったのは、私より主人の方でした。

　休日には、名所旧跡など方々《ほうぼう》へ家族で出かけました。それは子どもたちにとって、遊びの中での勉強でもありました。家族で遊びに行った先のことが、学校での授業に出てきたりすると、子どもたちは、家に帰ってきてから、そのことを嬉《うれ》しそうに教えてくれました。

内在の無限力を〝コトバの力〟で

一昨年、長男は大学一年の夏休みにはじめて一人旅を体験しました。

北海道への野宿の旅でした。道を尋《たず》ねると車で送ってもらったり、また夕食をご馳走《ちそう》になったり、お風呂に入れてもらったりと、土地の人たちにとても深切にされたそうです。最小限の予算でとても大きな旅行をしてきたのです。駅で寝ようとすると、ホームレスのような人たちが「あそこがいいよ」と深切に教えてくれたといいます。

長男は言いました。

「お母さん、あの人たちは身なりは汚《きたな》いけれど、心はものすごくきれいなんだよ」

私は、その言葉が嬉しくて、嬉しくてなりませんでした。

「夕べは海岸の砂浜で寝てね。水平線から昇る朝日を拝んだ時は、〝生きている〟ことに感動して、生命が躍動《やくどう》したよ」

息子の歓びの声に、その時の一杯のインスタントコーヒーが美味《おい》しかったこと。

この北海道野宿の一人旅は、素晴らしい地元の皆様のお蔭で、息子にとって、青春の尊い財産となりました。その後も和歌山の南紀白浜、四国と、同じような一人旅を体験し、愛と人様の深切を学んだことです。

どの子も上へ上へと伸びて、「母さん小さくなったね」と、そんな冗談が子ども達から飛び出します。やさしい主人とやさしい子ども達に囲まれて、お互い、プラスの〝コトバ〟で励まし合いながら、家庭に愛と調和が広がっていきます。

〝人間・神の子〟の教えによって、一人一人の子どもの内には、霊性が宿り、素晴らしい〝無限力〟が宿っているということを教えていただきました。その〝無限力〟を、〝コトバの力〟で引き出すのが、母親の役目であるとしみじみ思います。

（平成六年二月号　撮影／田中誠一）

＊『光の泉』＝生長の家の男性向け月刊誌。
＊『生命の實相』＝生長の家創始者・谷口雅春著、全四十巻、日本教文社刊。

良い言葉、明るい心を積み重ね、子供はみんな良い子に育つ

福岡県行橋市　大内《おおうち》マツノ（60歳）

この人にも、かつては悲しみや悩んだことがあったに違いないのだが、その語り口には暗さはまったくなく、明るく愛を表現する力強さが聞く者に迫ってくる。二十歳前に知った生長の家の教えが、人生を喜びで一杯にし、家族や経営してきた珠算塾の生徒たちを包み込んでいるようだ。誰もが手を焼くような子供たちも、大内さんから「あなたは素晴らしい！」「努力すれば不可能はない」と励まされた。明るい勇気をもらって塾を巣立った生徒は数百名を超え、素晴らしい活躍をしている。

私の母は一男一女を生んで、夫に先立たれてから女手ひとつで子供を育てきました

が、愛する男性と出会って私を生んでくれました。その男性も私が一歳の時に亡くなったそうです。こうした事実を知ったのは高校入学の時でした。学校に提出する戸籍謄本《とうほん》を見て、私は母をなじりました。

母の悲しそうな眼を見て、私はそれ以上言うのを止めました。思えば私は母の愛をいっぱい受けて育ったのです。きょうだいたちも、幼い者にいっぱい愛を与えたいという母の姿勢を理解してくれていたと思えます。

高校を卒業して半年ほど勤めた商社は帰宅時間が遅くなるので辞め、昭和三十五年、行橋駅前にあった運送会社に就職しました。習いごとがしたくて勤めが終ると、夜間の洋裁学校に四年、和裁を一年習いました。

洋裁学校に通っていた十九歳の時に、「生長の家講演会」の看板を見て興味をもち、会場に入りました。初めて聴く生長の家の話は素晴らしく、身を乗り出して聴きました。中でも〈心が変われば環境が変わる〉という話には共鳴できたので、翌日から教わったことを実行しました。まず鏡に向って笑顔の練習をしたのです。すると心が明るくなり、毎日を楽しく過ごすことができました。

「大切なことは、心と体のふれあいで子供たちに自分が愛されていると感じてもらうことだと思っています」と大内さん

三十七年に主人・芳周《よしのり》（60歳）と出会いました。国鉄の行橋機関区で蒸気機関車の機関助手をしていた主人は、私の勤める運送会社に公務で来るようになり、いつもニコニコと笑顔でいた私に好感を持ってくれました。彼は大らかで、やすらぎを与えてくれる人でしたから、私も惹《ひ》かれて三十九年に結婚、翌年に退社して専業主婦になりました。

三人の男の子も授かり、私は生長の家で教わった通り、いつも笑顔と優しい言葉で、良いところは讃《ほ》めて育てました。また、家の中心は主人、ということを子供に教えました。子供たちが幼かった頃、国鉄がＪＲへ移行する時期で、主人はほとんど家にいませんでしたので、子供たちに父親の存在を意識させるよう心を配りました。主人がいただいてくる月給袋は必ず神棚に上げて、三人の子供と一緒にポン、ポンと手を打って拝みました。その後から「お父さんが働いてくれたから、お小遣いをあげられるのよ。感謝しましょうね」と言って、毎月の小遣いを渡しました。

帰宅時間が極めて遅かったので夕食は、主人とほとんど別でしたが、「お父さんのお蔭《かげ》で、おいしい食事がいただけます。お父さん、お先にいただきます」と残業の主人に感謝の合掌をしました。生長の家中学生練成会には三人とも参加させました。練成会では両親に感謝することの大切さを教えられて帰ってきますから、必ず「お父さん、お母さん、ありがとうございます」と手を合わせて言ってくれました。

また、私は、毎日、眠っている三人の子供の頭をなでて「あなたたちのお蔭で今日もお仕事ができました」と感謝しました。

長男が大学受験中に、ストーブのまわりに参考書を散らかしたまま居眠りをしていたことがありました。発見した私が「危ないわね。火事に気をつけなさい」と語気強く注意しました。その時も長男は「お母さんは僕が悪い時しか叱っていない。僕が悪い時は言って下さい。注意してくれてありがとう」と言いました。そして、ある時は「いつも『信じちょっけね』(信じているからね)と言われて、悪いことができなかった」とも。

長男と次男は国立大学に学びました。特別に「勉強しなさい」と強要したことはありませんが、「あなたは素晴らしい神の子」と讃め続けました。三男は高校と大学の浪人を体験しましたが、私は「あなたの人生は輝いている。人より遅れたと思わないで、人より充実した体験をしていると思いなさい」と励ましました。三男は今、小学校の教壇に立っていますが、挫折した時の気持ちがよく理解できますから、子供の信頼も篤《あつ》いようです。

素晴らしき大内塾

育児をしながら、一時期、自宅に小屋を建て、手乗りインコの生産飼育をして市場に出荷したり、洋服の補正の仕事もしました。でも私には他に使命があるという思いがずっとありました。それで、四十四年に通信教育で「幼児教育課程」を取得、中学時代から珠算が得意で五段の資格もあり、五十五年に珠算塾「大内塾」を開きました。

最初は生徒は三人でしたが、どんどん増えて市内のあちこちに教室を出し、平成十年には五つの教室で、生徒も幼稚園児から高校生まで百八十人を数えました。珠算が上達するだけではなく、「二十一世紀の人材づくり」を目標に掲げて、九人の先生に手伝ってもらい英会話も教え、学習塾や高校進学塾もするようになりました。

生徒はどの子も神様の子供であり、自分の子供のように思い、拝む気持ちでいとおしく接しました。その思いを生徒たちも敏感に受け止めてくれて、学校や家庭のことも話してくれます。中には学校の先生や親が少し手を焼いている子供も来ます。

小学二年から六年まで通ったA君は、気が短く、学校の先生ともトラブルを起こしていました。私は表面だけ見て彼を判断するのをやめました。気が短いのは家庭的な事情があったのです。私はA君が怒り出すと、落ち着くのを待ってから、彼の手を握りながら「君はやさしい子なんだよね。先生よく分かってる。先生はA君が大好きです」と言って静かに聞いてやりました。彼の体から力が抜けて行き、つり上がっていた眼が穏やかになるのでした。

高校生になったA君は、今流行のハリネズミのような頭髪で、耳にはイヤリングをしていますが、学校の帰りに時々、塾に寄ってくれます。私の顔を見て、近況を報告するだけで落ち着くようです。何よりも嬉《うれ》しいのは、そんな彼が福祉の仕事をしたいという気持ちをもっていることです。

お母さんが夜勤の仕事をしているので、祖母が面倒を見ている小学四年生のB君は、感情の起伏が激しいのです。教室の中で泣き出したり、壁を蹴《け》ったり、私に向かって「くそばばあ死ね!」と怒鳴ることもありました。B君は誰よりも愛情を求めていたのです。かわいそうで、私は強く五分ほども抱きしめて、彼が落ち着いてから「あなたはそんな人じゃない。先生は信じている」と強い口調で言い聞かせました。たったそれだけで彼は平静になりました。「あなたは素晴らしい人なのよ。人に喜ばれる人間になろうね」と私は言い続けました。今は落ち着いて笑顔を見せてくれます。

当時は自閉症の小学四年生だった女の子Cさんは、心を閉じていて誰とも話そうとしません。雰囲気が暗いので、Cさんの横に座るのを嫌がる子供もいます。彼女はますます落ち込んで暗くなりました。毎日、教室に送迎してくる祖父母が見かねて、「やめさせましょうか」と言いましたが、私は「大丈夫です」と答えました。私はCさんと「交換日記」を始めました。私は彼女が話し言葉では表現できなくても、文章なら書けると思ったからです。小学生になったつもりで、同じ視線で語り合ったらいいなと思いました。

Cさんは祖父母の愛情を受けて育てられたのですが、満たされない心の空洞があったのです。「あなたは素晴らしい使命を持って生まれてきた」「あなたは本当は明るくて元気な子なのよ」と心の奥底に響くように伝え続けました。すると彼女から素晴らしい言葉が返ってきました。「先生大好き。先生がおばあちゃんになったら私が面倒見てあげる」と。

私は、生徒のお母さんに生長の家で教わった「人のもつ五つの根本的願い」、つまり《認められたい、愛されたい、ほめられたい、人の役に立ちたい、自由になりたい》などとともに、「子供をダメにすることば」十ヵ条をプリントして差し上げています。

それは、①なんど言ったらわかるの。②言いたかないけど、あなたのためなのよ。③口ばかり達者なんだから。④あんたみたいな子、出て行きなさい。⑤あんな子と遊んじゃいけません。⑥どれ、お母さんにかしてごらん。⑦どうして親の気持ちがわからないの。⑧さっさとしなさい。⑨そんなことしたら人に笑われます。⑩ほんとにこの子ったらダメね――です。

同じ叱《しか》るのでも、子供の「認められたい、愛されたい」という思いをくみ取りながら注意するのと、子供の人格を否定したり、「自分はダメな人間で、努力してもムダ」と暗示するように叱るのでは、まったく違ってきます。子供の潜在意識に「自分は愛されている」「良い人間である」と入れるのです。大切なことは、心と体のふれあいで自分が愛されていると感じてもらうことだと思っています。

塾を開いてから二十年を過ぎました。ＯＢの中には東大大学院を出て、大学の助教授になっている人などもいます。嬉しいことは平成七年から毎年のように、全国珠算学校連盟全国大会に福岡県代表として、うちの塾から出場していることです。現在、珠算段位取得者は三十名を超えます。生徒の誰かが珠算大会で優勝すると、教室で食事会をして、全員で〈おめでとう〉と祝福しています。すばらしい生徒には、すばらしい先祖様がいるわけですから、生徒全員の先祖供養もさせていただいています。

多くの人のお役に立ちたい

平成八年にＪＲ九州旅客鉄道を定年退職した主人は、インターネットを利用した各種の情報提供サービスをする会社を設立しました。長男も故郷に帰り、大学で学んだ専門技術を駆使して父親とともにコンピューターのソフト開発、グラフィックスの企画、製作もしています。また、次男は東京の大手電機メーカーで技術者として活躍しています。

私の塾の方は、現在四教室で、生徒たちと毎日楽しく触れあっています。私を手伝ってくださる先生もいてとても感謝しています。

私は昭和五十七年に行橋レクレーション協会の公認指導員に、続いて五十九年には福岡県青少年育成指導員になりました。さらに平成六年には行橋警察署少年補導員にもなって、子供たちの健全育成は、珠算塾ばかりではなく地域のお役に立つものとなってきています。

また、平成十年には、地域の青少年の育成と珠算の全国大会で優秀な成績をあげられたことで行橋ロータリークラブから表彰されました。

今年四月には、生長の家地方講師*も拝命しました。生長の家でお蔭をいただいたのですから、ご恩返しをしていこうと思っています。

子供たちに「どうして夫婦喧嘩しないの？」と聞かれたことがあります。お互いが拝み合い、尊敬しあえば不平や不満は生まれないと思います。主人は人からアドバイスを求められると、「人間は使命があって生まれてきたのだから、問題から逃げたらいけないよ。克服しなければ」と話しています。子供たちは親の背中を見て育つといいますが、確かに主人のうしろ姿を見て育ったと思うのです。

塾終えてストーブ消せばかすかにも静もりがたく息づく炎
——趣味の短歌の一首ですが、充足した日々に感謝しています。
（平成十四年十月号　撮影／中橋博文）

＊地方講師＝生長の家の教えを居住地で伝えるボランティアの講師。

八人の子ども達から学ばせてもらって

札幌市白石区　岩本幹子《いわもとみきこ》（48歳）

私には六男二女の八人の子どもがいます。そう言うと決まって、「大変ね」と皆さん驚いたように言われますが、私にとってはどの子も可愛くて、産んで良かったと思うのです。

主人は結婚したとき、子どもは五人欲しいと言っていました。六人きょうだいで育った主人は、同じような環境を自分の家庭にも築きたいと願っていたのかもしれません。

昭和四十五年に長女が生まれた後、男の子が三人続きました。次の五番目には女の子が欲しいと思っていたら、産まれてきたのは女の子と男の子の双子です。人から「六人も子どもがいたら、もっと産まれても苦労は同じですよ」と冗談ぽく言われましたが、私は「ああそうかな」と笑って応《こた》えていました。子どもは神様からの授かりもの、という気持ちでいましたら、その後も二人の男の子に恵まれたのです。ありがたいことに、どの子も安産で、つわりもありませんでした。

板金業に携わる主人は、朝早く仕事場に出て帰りも夜遅く、子どもをかまう時間がありません。子どもが幼かったときは、私は育児に忙しい毎日でしたが、遊びたいとか不満に思うことはありませんでした。私は小さいときから近所の子どもの面倒《めんどう》を見て育ったせいもあり、子育てはむしろ楽しいと感じています。

妊娠中は体を動かした方がいいと思い、主人と一緒に建築現場に出て働くこともありました。家の屋根から転落した時には周囲を心配させましたが、幸いお腹《なか》の子どもは無事でした。そんな向こう見ずなところのある私ですが、体のじょうぶさと楽観的な性格は今も変わりません。三人目からすべて自宅分娩で通したのも、お産は病気ではないという信念があったから。それに、生長の家の神様に守られているという思いが心を楽にしてくれたのです。

子ども達とともに。前列左から次女の佳子さん、幹子さん、五男の隆行さん。後列左から四男の和行さん、六男の広行さん

子どもは親の鏡

私は北海道芦別《あしべつ》市で三人きょうだいの末っ子として生まれました。幼いときに両親が離婚し、母は三人の子を連れ再婚。その後、私たち一家は近くの妹背牛《もせうし》町に移り、私は中学を卒業すると地元の雑貨店で働きました。

二度目の父は二十二年前に他界しましたが、生前は板金会社を営み、そこに資材を卸しに来ていた主人と知り合った私は昭和四十五年に結婚。主人は二十一歳で、私は十八歳でした。結婚後、主人は父の許《もと》で働くことになりました。

結婚して間もない頃、母が主人に札幌教化部*で開かれている練成会への参加を勧めました。母が再婚した夫から生長の家を伝えられていたことを私はその後に知りました。

主人は学生の頃から宗教に関心があったようで、母に勧められるまま練成会に参加しました。数日後、練成会から帰った主人は教えに感激した様子で、地元の信徒仲間と活動を始めました。主人は仕事をしながらも、生長の家の聖歌を口ずさんでいました。何度も聞かされるうち私も自然と歌詞を覚えてしまったほどですが、当時の私は主人とは

対照的に信仰には関心がなかったのです。

結婚して三年後、昭和四十八年に主人は札幌市の板金会社に移りました。その一年後のある日のこと、四歳の長女と一歳の長男と家にいた私に、母は「うちにいるなら、教化部に行って真理の話を聞いたら」と言うのです。私はあまり乗り気ではなかったのですが、母の言葉に従って札幌教化部で開かれている信徒の集いに参加しました。

そこに来ていた人たちはみな明るく、雰囲気が良かったことを覚えています。それからも集いや講演会があるたび母や信徒さんに誘われ参加していました。主人は言葉数が少ないので、集いに参加するようになった私をどう思っていたか分かりませんが、きっと喜んでくれていたと思います。

私は教えを学ぶうち、家庭調和の秘訣は、一家の中心である夫に素直に従うことだと知りました。けれど、時にはささいなことで主人と喧嘩してしまいます。言いたいことをずばっと言ってしまう私にも問題があったと思います。夫婦喧嘩をすると決まって子どもが熱を出しました。

「子どもは親の心の鏡」と教わりましたが、親のせいで罪のない子どもが熱を出しているのなら可哀相《かわいそう》です。反省した私は、自分が変わらなければいけないと思い、主人の良いところを見ることを心がけました。主人や子どもの美点を見つけて誉《ほ》めることや、「ありがとう」という感謝の言葉を生活の中でたくさん使うことは今も私の習慣となっています。

子どもは親の背中を見て育つと言いますが、親は自分で言ったことを自らが実行しなければ子どもはついてきません。「ご飯をよそうのもお父さんがいちばん先」といった感じで、私はいつも子ども達の前で主人を立ててきました。そのせいか、どの子も親思いで、今もきょうだいが自発的に家事を分担してやってくれ、親の負担を軽くしてくれるのです。

救ってやれるのは親

家計は決して楽ではありませんでしたが、子どもをたくさん産んだことを後悔したことはありません。子どもは福を持って生まれると生長の家で教わっていたので、いつも「なんとかなる」と考えることができたのです。

私は家計を補《おぎな》うため、昭和五十七年から小学生の長女と長男を連れて十年間、新聞配達に出ました。私自身、小学生の時に新聞配達をしていたので、子どもにもお金を稼ぐ苦労を知ってほしいと思ったのです。

昭和五十九年に生長の家地方講師を引き受けた私は、行事があるときには子ども達の手を引いて参加しました。小・中学校に上がると、どの子も青少年練成会に参加してくれました。みな健《すこ》やかに成長してくれましたが、子育てはいつも順調だったわけではありません。子ども達から何度も「人生勉強」の機会を与えられることもあったのです。

長女は中学生になったときに同じクラスの子からいじめに遭《あ》い、学校を休みがちになりました。私の母から、いじめっ子の家庭の先祖供養を勧められたので、私は霊牌《れいはい》*を書いて供養することにしました。一年後にその方が転校して問題は収まったのですが、中学卒業後に娘にいじめを詫《わ》びる手紙が送られてきて、娘は不思議がっていました。

長男の喫煙のことで私は何度か中学校に呼び出されました。次男は中学一年の時に、朝になると熱が出て学校に行けなくなりました。病院で検査してもらいましたが、体に異常はなく、私はとにかく先祖供養を一所懸命しながら、子ども達の顔を思い浮かべて

「神の子・完全円満」と念じて祈っておりました。その後、長男の喫煙は大きな問題になることもなく、次男も立ち直り、二人とも自分で選んだ高校に進みました。

三男は中学生の時に暴走族に入りました。夜中にけたたましいバイクの音が聞こえてくると、私は思わず家の前に飛び出して、息子を探しました。主人も悩んだと思います。時には私も主人も息子に手を挙げましたが、かえって反発するだけです。

一人ひとりの子に充分に愛情を注いでやれなかったことが原因なのかとも思いました。けれど、子どもを救ってやれるのは警察でも学校でもなく、親しかありません。私にできることは子どもを信じてやることだけでした。私は問題を起こした子に「お母さんはいつもあなたを信じているからね」と語りかけました。

さらに暇《ひま》を見つけては、「讃嘆《さんたん》日記」*に子ども達のことを書きました。「○○君、今日も元気でいてくれてありがとう」と。問題を起こした子でも、その子が元気でいることが親にとっては一番の幸せだと思えたのです。だからそんな言葉が自然と出てきました。

三男はその後、十八歳の時に「暴走族を抜けるから」と私に言ってくれたのです。

八人子どもがいれば、八人分の勉強があったわけですが、母はいつも「どんなに現象が悪くても、現象は現れたら消えてゆく。だから絶対だいじょうぶ」と力強く励ましてくれました。母の言葉に何度助けられたことでしょう。そのつど自分に「だいじょうぶだ」と言い聞かせてきました。子どもの問題は今にしてみれば自分の魂の向上のために必要な人生勉強だったと思えます。

夫の会社も順調に

平成元年、主人は独立して板金会社「岩本金属工業」を起こしました。会社を辞《や》めると聞いたとき私は「お父さん、私たち裸で何も無いよ」と言いましたが、「いいよ、二人でやれば」と落ち着いています。主人の決心は固く、私は少しでも主人の手助けができたらと思い、車の免許を取りました。

自宅の一階を事務所にして主人と私と三人の従業員を雇ってスタートしましたが、六年ほど前に近くの三百五十坪の土地を借り、事務所を移しました。世間の不況をよそに、会社の業績は順調に伸び、四年前には株式会社に改組し、現在は従業員が十二人に増えました。

主人は多くの人に生長の家を伝えたいと、二十代の時から生長の家の月刊誌を月に多部数購読し、私たち一家で地元地域のお宅に配って回りました。家計が苦しいときにも続けましたが、きっと主人の愛行《あいぎょう》＊が会社の繁栄につながったのだと思います。今は生長の家相愛会＊の地元の相愛会長としてお役に立たせていただいています。

長男と次男は主人の許《もと》で働き、会社になくてはならない存在となりました。長女はすでに嫁ぎ、三男と五男は知人の板金会社で働いています。四男は今年高校を卒業し板金会社に就職、次女は工作機器メーカーに就職しました。六男は四月から中学生です。

子どもには持って生まれた天分があると思いますので、進路は本人の好きなようにさせています。どの子も十八歳になると車の免許を取りに行きましたが、試験の時のお守りに『甘露《かんろ》の法雨《ほうう》』＊を貸してほしいと言ってくれるのが嬉しいかぎりです。地元で生長の家講習会＊が開かれる時には、子ども達が大勢の友達を誘って何台も車を連ねて参加してくれるのです。

今こうして幸せに満たされているのは、八人の神の子さんがいてくれたからだと実感しています。

（平成十二年六月号　撮影／堀　隆弘）

＊教化部＝生長の家の地方における布教、伝道の拠点。巻末の「生長の家教化部一覧」を参照。
＊霊牌＝先祖及び物故した親族・縁族の俗名を浄書し、御霊を祀る清浄な短冊状の用紙。
＊讃嘆日記＝自分や他の人の長所、美点を書き出して讃嘆する日記。
＊愛行＝伝道のために生長の家の月刊誌や単行本を頒布するなど、人々に対する愛の行ない全てを言う。
＊生長の家相愛会＝生長の家の男性のための組織。全国津々浦々で集会が持たれている。
＊『甘露の法雨』＝谷口雅春著。宇宙の真理が分かりやすい言葉で書かれている生長の家のお経。詳しくは、谷口清超著『「甘露の法雨」をよもう』、谷口雅春著『新講「甘露の法雨」解釋』参照。（日本教文社刊）
＊生長の家講習会＝生長の家総裁、副総裁が直接指導する生長の家の講習会。現在は、谷口雅宣副総裁、谷口純子生長の家白鳩会副総裁が直接指導に当たっている。

たくさんの教え子達から喜びをいただいて

新潟県新潟市　大沢喜枝子《おおさわきえこ》（60歳）

今年（平成十二年）三月、私は十年間勤めた新潟市内の学童保育の指導員を定年退職しました。学童保育では親が働きに出ている小学一年生から三年生を放課後に預かっていますが、最後の勤務の日、ある三年生の児童からこんな手紙を受け取りました。

「（いたずらをして）何回も先生に呼ばれたけど、ある時、僕は先生に『今日は頑張ったね』と言われてとてもうれしかった」

その子は一年生で入ってきたとき、指導員の言うことを聞いてくれなくて手を焼いていました。しかし学童保育にいたわずか三年間で人をいたわることができる最高に良い子になったのです。

どんな子もみな素晴らしい神様のいのちが宿っている、その信念で私は子ども達と接してきました。そして人の美点を見つけて誉めることや、すべての人やものに感謝する心の大切さなど、私は教育の場で実践し、その成果を身をもって実感してきました。

去年、指導員の初任者研修があったとき、私は講師を任されました。そこで「人間はどの子にもみな良いところがあって、悪い子は一人もいないんです」と話しました。そんな言葉が人前でも自然と出てくるのですが、私がそういう心境になれたのは、生長の家を信仰していた両親がいてくれたからなのです。

両親はすでに他界していますが、父は生前から「人の役に立つことをしなさい」と言っていました。いつも人に喜びを与えることを願っていた父でしたが、私はその言葉を父の遺言として受けとめています。

『二十四の瞳』にあこがれて

生家が佐渡にある私は、八人きょうだいの五番目に生まれました。父は農業を営むかたわら、寺の住職もしていました。家業を手伝いながら定時制高校を卒業した私は、神奈川県にある短期大学の家政科に進学しました。子ども達には借金をしてでも勉強させたいというのが父の考えで、父は本当に借金をして毎月生活費を送ってくれました。私は現金封筒を手に挟み、ただ有難くて何度涙を流したことでしょう。勉強を一所懸命することが父への恩返しだと思い、私は学業に打ち込んだのです。

将来は何をしたいと特に考えていたわけではなかったのですが、大学二年生の時に教育実習を受けたのがきっかけで、教員になろうと思いました。小学生の時に映画で『二十四の瞳』を見て主人公の大石先生にあこがれていましたが、教育実習のとき私も大石先生のような教員になれたらと真剣に考えたのです。

どんな山奥に行ってもいいから教員になりたい、そんな熱意で臨んだ教員採用試験でしたが、結果は不合格。しかし母校の高校で非常勤講師として働くことができたのは幸いでした。その翌年も受験しましたがまたも不合格。教員になりたい夢は捨てられず三度目の試験でついに合格。昭和三十八年に新潟県の中学校教諭として採用され、燕市の中学校で家庭科を教えることになりました。

中学校に赴任する数日前に高校教師の夫と結婚し、四十一年に長女が生まれました。

人の美点を見つけて書き記す「讃嘆日記」を二十年間も毎日続けてきた。「周囲の人達によっていつも自分が磨かれている思いです」

当時は自宅近くに保育所がなく、車も無かった私は子どもを知人に頼んで預かってもらい職場に通っていました。子どもが一歳半になるまでに世話をしていただいた人が三人も変わり、主人は子供が可哀相だからと私に仕事を辞《や》めて家にいるように言うのです。せっかく頑張ってなった教員ですから未練がありましたが、私は主人の言葉に従い、涙を流して仕事を辞めることにしたのです。

娘の病気がきっかけで

家庭に入った私は悶々《もんもん》とした日々を過ごしていましたが、昭和四十五年に次女が生まれました。その子が一歳を間近にした時のこと、風邪がもとで消化不良になり、高熱を出して一日に何度も吐いて下痢を繰り返すようになったのです。病院で診てもらいましたが、症状は悪くなる一方で、子どもの顔は紫色になり、どんどん痩《や》せ細って行きました。このままでは死んでしまうのではないかと、私は不安で気が狂いそうでした。発病して二週間位たった時、私は以前母が送ってきた『甘露の法雨』を取り出したのです。

父は真言宗の僧侶ではありましたが、私の兄が脊椎《せきつい》カリエスになったのをきっかけに生長の家に入信していました。兄は結局、病気がもとで昭和二十八年に二十四歳という若さで亡くなりましたが、両親はその後も教えを深め、自宅で誌友会（生長の家の教えを学ぶつどい）を開くまでになっていました。しかし私は生長の家にまったく関心を持っていなかったのです。

私はぐったりした子どもを前に、一晩中、神にすがるような気持で『甘露の法雨』を誦《あ》げました。病院に子供を連れていくときも、私は神を呼んで祈り続けました。主人は宗教に反発していましたが、私にはもう神しか頼るものはありません。祈りが通じてか、やがて少しずつミルクを飲むようになり、一ヵ月後には何とか立てるまでに回復したのです。私は生長の家のお蔭《かげ》で救われたと思いました。それから生長の家を自分も信仰しようと心に決め、新潟教化部で開かれている行事に参加するようになったのです。

『人間は神の子で完全円満、神様は病気をお創《つく》りにならないから、病気は存在しない』。そんな言葉を聞くたび何度も勇気づけられました。次女はその後、すぐに良くなったわけではありませんが、小学校の高学年くらいからすっかり元気になり、医者にかからなくなりました。

長女も次女も今は結婚して幸せな家庭を築いていますが、次女は病気を通じて私に生長の家を伝えてくれた観世音菩薩だと思っています。そして教員の仕事を辞めたことも、当時は未練がありましたが、目に見えない何かの導きで生長の家を勉強できる時間をいただいたのだと思うと、主人にも感謝できるようになりました。それからは自分の「我《が》」というものを捨てて、神様やご先祖様の導きのままに生きようと思いました。

障害児との出合い

神様にお任せするような気持で生活していましたら、昭和五十年に特殊学級の非常勤講師の仕事を依頼されました。再び教員ができると思うとその嬉しさはたとえようもありません。また、それが障害者福祉の仕事に関心を持つ最初のきっかけとなったのです。

私は幼い頃から身体障害児を身近な存在として感じていました。母はよく私に、障害児は自分で好きでなっている人は誰もいないから、決して笑ったり指さしてはいけないと言っていました。そして母は同じ村のダウン症の子を家に招いては可愛がっていたのです。母が亡くなったとき、そのダウン症の子は母を慕って何時間も歩いて訪ねてきたことを覚えています。

特殊学級や養護学校の仕事は、母も霊界で喜んでくれたに違いありません。私は自分に出来ることは一所懸命させていただこうと思いました。他にも小学校や中学校の非常勤講師も頼まれ、期間は半年から数ヵ月と様々でしたが、私は余暇を利用して大学の講習や通信教育などを受けて養護学校や小学校の教員の免許状を取りました。

昭和五十年代から生長の家の活動にも参加するようになり、五十九年には生長の家地方講師を引き受けました。その後、生長の家の活動の時間を増やしたいと思い、平成二年から午前中時間の融通《ゆうずう》がきく学童保育の指導員の仕事に移りました。

学童保育にたずさわった一年目、クラスの中に一年生のダウン症の子がいました。私はその子を背負って時々田んぼのあぜ道を散歩しました。

「あなたが生まれて来たことが、ただ、ありがたく、うれしくて、先生はネ、○○ちゃんが好きでたまらない……」

私は歩きながらいつも生長の家愛唱歌「わが子よありがとう」をアレンジして歌って聴かせました。すると他の子ども達も目を輝かせ、次々と自分の名前を入れて歌ってほしいと言ってきました。子ども達と一緒に歌ったり遊びながら、いつしかどの子もダウン症の子を思いやりをもって接してくれるようになっていったのです。

いただいた喜びを多くの人へ

私は子ども達には両親やお年寄りを大事にして欲しいと願っています。それで子ども達に裁縫を教えて巾着《きんちゃく》などを作らせました。それを母の日や父の日、敬老の日などに感謝の思いを書かせた手紙と一緒にプレゼントさせたのです。

小学校では裁縫は五年生から家庭科で習うのですが、私の教え子は低学年の子でもいきいきと楽しそうにやっていました。児童の中には友達づきあいが苦手で、何事にもやる気が無く困っていた子がいたのですが、その子にマフラーの編み方を教えるとすっかり夢中になり、出来映《できば》えを誉《ほ》めてあげると人が変わったように良い子になったのです。

今まで何人の子ども達と接してきたか分からないくらいたくさんの出会いがありましたが、今でも電話を掛けてきたり、手紙をくれたりする子が大勢います。私との出会いを通じて子ども達の心に何かを与えることができたのなら、これほど嬉しいことはありません。私自身、人のうちに宿る神性を観《み》る勉強の機会を、たくさんの子ども達から与えてもらったことを感謝しています。

私は、いつか障害者のカウンセラーの仕事をしてみたいと思っていたのですが、今年の四月から、新潟市役所の障害福祉課の障害者の相談窓口で働かせていただくことになりました。

仕事が終わった後も研修や手話を習ったりと、ゆっくりする暇《ひま》もありませんが、健康でいられるのが何よりありがたく、充実した毎日を送っています。六十歳からの新たなスタートとなりましたが、自分の仕事は全て神様からのいただきものと受けとめ、人のお役に立てるよう日々精一杯《せいいっぱい》励んでいきたいと思います。

この仕事が終わったら、生長の家一筋で、多くの悩んでおられる人達にみ教えをお伝えし、ともに幸せな神の子の人生を送りたいと思っています。そして手話で「人間・神の子」の真理を伝えられるようになって、障害を持つすべての人々に真理をお伝えしたいと思います。

（平成十二年八月号　撮影／堀　隆弘）

子供を見つめ、自分を見つめて

沖縄県西原町　伊佐悦子《いさえつこ》（51歳）

実家の母から生長の家を伝えられた伊佐さんが、生長の家の教育法を学び、もっとも身近なところで実践したのが、四人の子どもたちへの朝の言葉掛け。「さわやかな朝ですよー。神の子さん、起きましょう！」かつて、母が毎朝言っていた讃嘆の言葉がよみがえる。叱るときは遠慮なく叱る伊佐さんの、子どもを見つめ、自分を見つめて――

わが家の四人の子どもたちは、長男が二十六歳、次男は二十五歳になり、二人とも沖縄で会社勤めをしています。大学二年生の三男は京都にいます。長女は中学三年生になりました。振り返ってみれば、子どもたちそれぞれが順調に生命を伸ばしてこられたのも、生長の家で学んだ教育法が、与《あず》かって力があったと思います。

実家の母から私は生長の家を伝えられました。今年八十五歳の母は、妹や私が子どもだった頃、教育講演会に行って生長の家を知ったそうです。母は私たち子どもに特別、こうしなさいとは言いませんでしたが、母自身が生活のなかに教えを実践していくなかで、自然に私たちを教育してくれたのだと思います。大きな声を立てて怒ることもなく、おだやかで優しい母でした。

私が進んで教えを学ぶようになったのは、長男が三歳になった頃、母親教室に通いはじめたのがキッカケです。「人間は神の子」の人間観を中心にして、子どもに宿る無限の可能性を信じ、認め、言葉の力で引き出す生長の家の誉《ほ》める教育法は、私の心を強くとらえました。当時は組織のことなどよく知らず、ただひたすら母親教室に参加して勉強しました。毎月、沖縄教区の機関紙『愛の光』を見ては、あちこちの母親教室に行ったりしたものです。その後、長女が幼稚園に通うようになった頃、私の自宅でも教室を開くようになりました。

今でこそ、学校教育のなかでも、誉めましょう、プラス思考で、と当たり前のように言われていますが、二十年も前のその頃は、「誉める教育」と言うと、みんな一様に首を傾《かし》げました。私も知り合いのお母さん方を母親教室にお誘いして一緒に勉強したとき、「みなさん、子どもの美点を見つけて誉めましょう」と語りかけましたところ、「ほんとに、それでいいんですか」と疑問の声があがりました。悪いところを見つけて、叱り、撓《た》め直していく。厳しい目で子どもを見て、レールに乗せていく時代でしたから、「誉める」ことは、子どもを甘えさせ、駄目にしていくと考えられていたのではないでしょうか。

生長の家では、現れは仮の相《すがた》、仮の相にとらわれて子どもの悪を指摘し、直そうとしても、生命は縛られて萎縮《いしゅく》してしまう、子どもの善を信じて自由に放ち、長所を見つけて讃嘆すれば、生命はどんどん伸びていく、と教えられました。この教育法はすばらしいと私は思いました。

誉めるとき、叱るとき

私の場合、まず一番身近なところで実践したのは、子どもが幼かった頃、幼稚園、小学校に通っていた毎朝、男の子にも、怒鳴らないで優しく、窓を開けて、「敬晃《たかあき》ちゃん、

長女の真紀子さんと自宅の庭にて。「お友達に、まっことお母さんはいいコンビ、と言われるんです。お母さんは少女のイメージ」

さわやかな朝ですよー。さあ、起きてください」と呼びかけながら起こしたことです。朝のスタート時には絶対に怒らないと決めて、「神の子さん、起きましょう！」と讃嘆《さんたん》の言葉をかけました。お蔭で四人とも、朝の起床にあまり手間取ることはありませんでした。子どもは、小学校高学年くらいになると自分から、「お母さん、お願いだから、こういう起こし方はやめてくれ」と言いました。男の子はある時期がくると、嫌《いや》になるのです。〝ああ、この子も成長したんだなあ〟と思って、そこでやめました。

また、叱るときには遠慮なく叱りました。日常生活のマナーについてが多かったのですが、子どもの神性を信じていれば、叱るべきときは遠慮なく叱れます。ときには隣近所に聞こえるくらいの大きな声で。「あっ、聞こえる、危ない！」と、ドアをパッと閉めたこともありました。

ただ、勉強のことや、思いどおりにいかなくて叱りたくなることがあっても、それはグッと抑えました。私のなかでこの戦いはそれなりに大きかったのですが、そういうときは、子どもの善いところをもっと見つめてみようと「讃嘆日記」（その子専用のノートを作っていました）を書いたり、自分の至らなかったところはどこか、それをどうしたらいいのか、祈りました。

するると、気持ちが落ち着いてきて、次に子どもに声をかけるとき、うまく心が通じ合うのです。「讃嘆日記」を書いたり、生長の家のお経の『甘露の法雨』を誦《あ》げたりが、結果がどうであれ、私にとっては気持ちが切りかわって一番よいと思われました。

子どもも成長してきますと、塾や部活やスポーツで忙しくなり、接する時間が少なくなって、会話も減ってきます。それに、四人もいますと、上から下まで十一も歳が離れていますので、放ったらかしのところも出てきます。そこで、どうしたらいいかと考えて、トイレに伝言板を作りました。「○○ちゃんへ」「パパへ」といったふうに、一人ひとりの短冊を作って、そこに「○○をしてくれてありがとう。感謝してます」といった讃嘆の言葉を書いて、ポンポン貼《は》っていきました。トイレが交流の場となりました。そうして、子どもとのすれ違いを補いました。

お父さんと子どもたち

子育てのうえでの主人との役割分担は、暗黙のうちにハッキリしていたように思います。子どもたちは、大事なことは、お父さんに相談して、意見を聞いていました。

次男が高校をやめたいと言い出したときも、私ではなくて、お父さんと一週間、毎日夜中まで話していました。主人は詳しいことは言いませんが、「昨夜は二時まで話していたよ。今の子はわがままだな」とひとこと言ったりしましたけれど、一週間ぶっ続けで話して、気持ちがすっきりしたのでしょう。次男は学校はやめず続けることができました。就職のときも、お父さんとシッカリ話していました。

男の子と女の子では、育てるうえで違った苦労があったかといいますと、今のところはありません。

長女・真紀子が生まれたのは五月、ちょうど病院の窓から外の斜面にテッポウ百合が咲いていているのが見えました。朝日に当たってとても綺麗でした。その光景が目に焼きついていて、「真紀ちゃんが生まれたときは白百合が咲いていていて……真紀ちゃんのイメージね」と言っていましたら、真紀子は、人には、生まれたときからその人の花があると思ったらしく、大人の女性に会うと、「おばちゃんの花って何?」と聞いたのです。

「私は百合。おばちゃんは何?」って。そんなときは、〝私が一番大切に思っていることをわかってくれている。女の子って可愛いなあ〃と思ったことです。私は結婚して専業主婦になりましたけれど、真紀子は小さい頃から、将来は仕事をしたいと言っていますので、「それはいいわね。しっかり働いてちょうだい。いい仕事をしてちょうだい」と応援しています。

幼稚園の頃から小学生練成会に参加してきた真紀子は、小学校六年生のとき、平和の歌である「君が代」を学校に広めようと、担任や音楽の先生、友達に働きかけ、卒業式のときその願いが叶《かな》った体験を『理想世界《りそうせかい》ジュニア版』*（平成十三年二月号）で紹介していただきました。ものおじせず、こうと決めたことに集中していきます。学業の傍《かたわ》ら、ジュニア友の会*での活動にも励んでいます。

三人の息子たちも、中学生練成会に参加し、高校生練成会ではお世話係をしていました。練成会では、自分のなかに無限力があることや、父母への感謝の心、日本国のすばらしさなどを学びます。子どもたちは練成会で育てていただいたようなものです。私が施《ほどこ》した教育なんてちっぽけなものです。バックには生長の家があり、どこにいても神さまの御手《みて》のなかです。何も恐れず、前向きに歩んでいってほしいと願っています。

毎日いろいろな用事に追われるなかで、朝の時間はとても大切です。早い時間に、神《しん》想観《そうかん》*を私なりに楽しみながらやっています。夏だと、時々、庭の樹に向かって祈ります。十月頃ですと、お月さまがとても美しいですから、お月さまに向かって。小鳥がやってきたり、月の光が窓から射し込んできたり、心が澄《す》んで、自然の美しい調和した姿に喜びを感じるひとときです。

わが家で母親教室を開いて十数年経ちました。教室を開く前日には、主人も一緒に片づけを手伝い協力してくれています。ここから新しい教室もできました。今では地元白鳩会の母親教室担当のお役もいただいて、微力を尽くさせていただいています。

現在、九十歳でなお矍鑠《かくしゃく》としている実家の父が「家の皇后陛下」と呼んでいる母は、かつて朝がくるたび、窓を開け、ドアを開けて、「幸せさん、いらっしゃい！」と明るく弾《はず》んだ声で言いました。

私が毎朝、幼い子どもたちに、「さわやかな朝ですよ。神の子さん、起きましょう！」と呼びかけ続けてこられたのは、母のあの言葉が私のなかでたしかに息づいていたからではないかと思います。

長女・真紀子さんの話（国立琉球大学教育学部附属中学三年、15歳）

私がお母さんに誉められるのは、学校のテストでいい点をとったときかな。そんなときは、タッタッタ、タッタッタ、ソーレッ、と二人で向かい合い手を叩いて喜ぶんです。

叱るときのお母さんの声、大きいですよ。「お母さん、外へ聞こえるよ」「いいの！」って（笑）。母の日にプレゼントすると、お母さん、とても喜ぶんです。

お父さんはクールで、歴史が大好きなんです。ふだんはあまりしゃべらないのに、私の中国人のお友達がくると、中国の歴史についていろいろ語ります。だから、「まっ、このお父さんは中国大好きだから、嬉しい。まっ、このお父さん、好き！」って評判がいいんです。

お母さんは、雰囲気がいいとか、面白いとか、こういう母娘になりたいとか、友達には結構、人気のお母さんです。

お兄ちゃんたちは、私のことを「可愛い妹」という感じはないのね。喧嘩なんかもしたし、鍛えられて、たくましく育ってしまいました。もう喧嘩は恐くない（笑）。練成会は、とても楽しいです。ふだんは聞けない、学校で教えてくれない真理の話とか体験談を聞ける場でもあるし、そこで友達も作れます。生長の家でできる友達は一生の友達って聞いてますから、大切な友達がいっぱいいるし、楽しいですよ。新しい子は、まずは、ジュニア友の会から誘ってみます。

私の夢？　いっぱいあるんです。そのときによって変わるんですけどね（笑）。今、なりたいと思っているのは、新聞記者かな、明るい記事を書く。暗いニュースばかりなのでね。そんななかで、明るいニュースって、一番大事だと思うから。

（平成十四年十月号　撮影／砂守かつみ）

＊『理想世界ジュニア版』＝生長の家の中高生向けの月刊誌。

＊ジュニア友の会＝生長の家の中学生の会。

＊神想観＝生長の家独得の座禅的瞑想法。谷口清超著『神想観はすばらしい』、谷口雅春著『新版　詳説　神想観』（日本教文社刊）参照。

信じて認め、誉めるとき、生命は自然に伸びていく

愛知県十四山村　早川紀子《はやかわのりこ》（58歳）

「あなたは、素晴らしい神の子さん」

「あなたは素晴らしい神の子さん」と教えてくれたのは継母《つぎはは》でした。私の実家は名古屋市内で文房具店を営んでいました。私が四歳のときに実母は他界し、女三人、男一人の幼い子どもが遺《のこ》されました。私は三女でしたが、父はさぞ途方《とほう》に暮れたことと思います。

わが家に明るさが戻ってきたのは、私が七歳のときでした。父が再婚し、二十五歳の若い継母ができたのです。生長の家を信仰していた継母は、私たち先妻の子ども四人を、まるで自分のお腹を痛めた子のようにやさしい笑顔とやさしい言葉をかけて育ててくれました。やがて二人の弟が誕生しましたが、継母は「私は六人の素晴らしい神の子さんを授かって幸せです」と喜んでいました。

私は小学六年のとき、継母の勧めで生長の家の神童会*に弟と二人で参加しました。講

師から、「明るい言葉を使えば心も明るくなる」と教えられたのが強く印象に残っています。

私が中学を卒業する頃、家の経済状態は逼迫《ひっぱく》していました。父が知人の保証人になったのが裏目に出て、その知人の負債を被《かぶ》ってしまったのです。当時の父は、文房具店から菓子問屋に転業し、その店も処分して会社員になっていました。

事情を知っていた私は高校進学を断念しました。でも父を恨む気持はなく、むしろ保証人になった父は優しい人だと誉めてあげたいくらいでした。ここで落ち込んではいけないと思った私は、神童会で教えられた、「これからきっとよくなる」と信じ、明るいコトバを使うようにしました。

もともと私の性格は温和な方で、今まであまり怒ったことはありません。少し嫌なことがあっても、一晩寝ると翌日は忘れることができました。

家庭生活のなかで

私の結婚は三十歳のときでした。私たちは愛知県日進市で新婚生活を始めました。そ

「子どもたちから、信じて認め、誉めることがどんなに大切かを教えられました」と早川さん

れから二年たちまして名古屋市内の団地に移りました。やがて女一人、男一人の神の子を授かりました。私は神童会で教えてもらった歌を子守歌代わりに歌って、子どもたちを育てました。歌の題名は忘れましたが、歌詞は『ありがとさん、ありがとさん、電車に乗り降りする時もありがとさんからはれてくる……』と言います。

二人の子どもは歌の通りに、感謝の心を持った素直な性格に育ちました。

私は書道が大好きで、個人の教授について指導を受けてきたのでした。そして、そのまま平穏な生活が営まれていくかと思ったのですが……気がつくと、夫婦の間に思わぬ隙間風が吹いていたのです。〝私は悪くない〟という気持が心の何処《どこ》かにありました。でも一方では、このままの状態で暮らすことはできないと思いました。私は神童会以来、特に学んでいなかった生長の家に救いを求め、個人指導を受けました。

私の悩みを聞いた講師は、「どんな事情があってもまずご主人を拝みなさい。そして四人の子どもを遺して亡くなった実母さんの供養をしてあげて下さい」と指導して下さいました。

その日のうちに聖使命会*に入会し、先祖供養として、聖経『甘露の法雨』の千巻読誦を始めました。それと並行して主人の美点を誉める「讃嘆日記」を毎日書き綴りました。聖経読誦は一日に八回から十回も行い、三ヵ月足らずで千巻読誦《せんがんどくじゅ》を達成しました。結果はすぐ出ました。主人が詫《わ》びてくれ、和解できたのです。嬉しくて小躍《こおど》りしたいくらいでした。でも、まだ私には課題が残されていたのです。

今から十七年前、主人から突然、「両親の側にいてあげたいから引っ越したい。両親が病気になってからでは遅いから」と相談されました。主人は四人兄弟の三男です。長兄は東京に住んでおりますが転勤が多く、次男は近くに住んでおりますが、主人が両親と同居してやりたいと思う、と言うのです。

親を思う優しい気持が嬉しく、私は素直に同意して名古屋から現在の所に引っ越してきました。急行で名古屋から十五分足らずの距離ですから不安もありませんでした。

ところがいざきてみると、周りは知らない人ばかりです。以前から勉強したいと思っていましたので、名古屋にある通信制の県立旭陵《きょくりょう》高校に入学しました。私が四十五歳のときです。そして四年間勉強して卒業しました。

教えを勉強していこう

平成七年の夏のことでした。姑《しゅうとめ》と感情のもつれが生じたのです。間に立った主人は困惑しながらも私の立場になって姑を説得してくれました。姑にすれば不愉快だったと思います。私はなんとかして姑と円満な生活がしたいと願っていましたので、『甘露の法雨』を熱心に誦《あ》げました。そこには、『汝《なんじ》ら天地一切のものと和解せよ』『神に感謝しても父母《ちちはは》に感謝し得ない者は神の心にかなわぬ』とありました。ハッと胸を衝《つ》かれた私は、いかなる理由があっても私から謝るべきだと気がつき、姑の前で両手をついて「お姑《かあ》さん、いたらない嫁でごめんなさい」と謝ったのです。すると、姑は「いいえ、私こそごめんなさい」と言ってくれ、二人で泣きながら和解できました。

その夜、主人に報告すると、ホッと安堵《あんど》の表情を浮かべて「これからは何かきちんと勉強したらいいね」と言ってくれました。「じゃあ、生長の家をやらせてもらうわ」と私は応《こた》えました。

それから間もなくして、以前『生命の實相』を贈った友人と出会うと、「とてもいい本だった」と言ってくれましたので、「一緒に生長の家をやりましょう」と声を掛け、聖使命会員と白鳩会員になってもらいました。こうして白鳩会十四山《じゅうしやま》支部が発足し、その翌年、私は地方講師を拝命しました。

信じて認め、誉めるとき

PTAの役員や生長の家などを通して知人も増えてきていた私は、いつしかお母さんたちから「ぜひ、子どもに習字を教えて下さい」と頼まれるようになり、通信教育で書道教授の資格を取り、平成二年から自宅で週一回、習字教室を始めていました。

少人数ですが、生徒数は問題にしていません。生徒に生長の家の中・高生向けの月刊誌『理想世界ジュニア版』を毎月手渡しながら、心と心の触れ合いを愉《たの》しんでいます。生徒には、先生というよりも、親しみやすい「オバサン」として慕ってもらいたい。その方が心の垣根がなくなるからです。

Y君がやってきたのは小学三年のときでした。Y君は学校では「汚い！」と言われて友だちから敬遠されていました。着ているものが汚いのではなく、近寄りたくないという意味で嫌われていたのです。私の教室にきても自分勝手で、「この机は汚いから座りたくない！」とか、「誰それさんの横に座るのはいやだから今日は習字をやらない！」と大変なわがままぶりでした。他の生徒の迷惑を考える気持はなく、習字をやっている仲間の横で、ひとりで勝手にしゃべり続けるという調子でした。困ったのは、教室にくるなり、習字のカバンを投げ捨てて突然、自宅に帰ってしまうことでした。私はY君の小学校の教頭先生にも会って相談したことがあります。教頭先生は、「実はY君には私も困っているのです」と暗い表情でした。

Y君のことですっかり自信を失ってしまった私でしたが、ここで放り出してしまっては駄目だと思い、Y君と落ち着いて話し合ってみたのです。

「Y君はすばらしい使命をもって生まれてきた神の子さんだよ。Y君のお父さんもお母さんも、Y君と三人の妹のために一所懸命働いているのよ。だからお父さんや、お母さんに喜んでもらえるようにガンバロウ！　Y君ならできるよ」と。

ただ黙って聞いていたY君が小さくコクンとうなずきました。生長の家では認めて誉めて子どもの神性を引き出すと教えていますが、私もただY君のすばらしさを信じて認めることにしました。それは私の祈りでもあったと思います。

祈りは通じました。Y君の態度が穏やかになってきました。認められたことがY君の心の琴線《きんせん》に触れたのです。

習字を終えると、Y君は目を輝かせて歴史の話をしてくれるようになりました。歴史が大好きで知識欲も旺盛、私が知らないこともよく知っていました。私は心の扉を開いてくれたY君に、「将来は歴史学者になるといいね」と誉めてあげました。

Y君が小学六年のときでした。明るい表情で教室にやってきて、机の前に正座すると、「ああ、ここへくるとホッとする」と言ってくれたのです。

私は嬉しくて胸がキューンと熱くなり、思わず涙がこぼれました。心の中でY君を抱きしめて「ありがとう」と言っていました。私がY君を指導したのでなく、むしろY君から教えられたのです。信じて認め、誉めることがどんなに大切かを――。

習字は、上達の早い生徒と遅い生徒がいますが、私は決してマイナスの言葉は使いません。「惜しかったわね。次はもっと上手に書けるからがんばろうね」

「あなたがきてくれるだけで嬉しい」

と励ましています。毎月私が渡す『理想世界ジュニア版』の熱心な読者の生徒もいます。生長の家のすばらしい教えがごく自然に伝わっていると思うと、嬉しくなります。

先日、買物に行ったとき、見知らぬ高校生から「先生、こんにちは」と声をかけられました。一瞬、驚きましたが、この高校生はかつて私の教室の生徒だったのです。習字を通じて心の交流ができることに感謝しています。

私の家では、長女が嫁《とつ》ぎ、三人の孫も生まれました。長男は県立の専門学校でインテリアデザインの勉強をし、今では全国各地に出張して仕事をしています。

私は現在、白鳩会海部《あま》西総連合会長を拝命し、生長の家の活動に情熱を燃やしております。また、名古屋市昭和区の〝生涯学習センター〟でご婦人を対象に週一回、習字を教えています。

ですから余分の時間はないのですが、それでも、寸暇《すんか》を見つけては、主人が小旅行に誘ってくれます。二人とも運転ができますが、旅行するときはもっぱら主人が「オレにまかせろ」と運転を買って出てくれます。私を労《いた》わってくれているのが分かるだけに嬉しく思います。

大切な私の実父も継母も逝《ゆ》きました。姑は私にとっては三人目の母ですから、大切に親孝行させていただいています。

習字の教室は、生徒がいる限り続けていきたいと思っています。不思議なもので生徒がやってくる時間になると、まるで自分の子どもが学校から帰ってくるような気がして心が弾《はず》むのです。学校でどんなことがあっても、私の教室へきたときは心が落ちつく、そんなオアシスのような雰囲気にしたいと思っています。

生徒には個々に無限の可能性が宿っています。それを信じて認め、讃嘆してあげるのが私の使命のような気がします。

素晴らしい神の子さんが育っていくのを、見守っていきたいと思います。


（平成十一年八月号　撮影／原　繁）

＊神童会＝現在の生命学園。生長の家の日曜学校。
＊聖使命会＝生長の家の運動に賛同して、月々一定額の献資をする「生長の家聖使命会」のこと。

息子の使命は？ 最もふさわしい道に導かれて、いま…

東京都八王子市　宮内喜久子《みやうちきくこ》（57歳）

〝息子の使命〟を祈る

若くしてなくなった実姉・由子が、この世の置き土産として遺《のこ》していった『生長の家』がきっかけとなって、私の生家の父母は御教えにふれ、私をはじめ兄・姉など、子どもたちも、幼いときから教えに生かされてまいりました。

一方、主人の実家も、両親が熱心な生長の家の信徒であったことから、主人をはじめ、義姉・妹一家も、教えに深くつながって今日までまいりました。

生長の家の二世同士で結婚した私たち夫婦は、三人の子どもに恵まれました。お蔭さまで、平和な日々の中で、大学で教鞭を執《と》る主人の仕事は順調で、子どもたちは元気に育ちました。長女は既《すで》に社会人、長男は大学院生。次男は、福祉の現場で働きながら、大学で学んでおります。

長男が大学の学部二年生のときです。尊敬していた恩師が、退官記念講演で、感銘《かんめい》を受けた本として『生命の實相』をあげられたと電話してきました。若いときから何度も拝読したその本ですが、長男の話に私はとても感激し、近所の誌友*さんと、毎朝わが家で、神想観と『生命の實相』の輪読会をすることにしました。三年間で全巻を二回、くり返して読ませていただきました。

次男の大学受験は、そうした最中のことでしたので、安心しきっていました。しかし、ことごとく失敗し、浪人した翌年も駄目《だめ》でした。本人はもとより、私もがっかりいたしました。けれども、御教えを知っていたことが、大きな支えとなりました。原点に立ちもどって、「この子の使命は何だろう、どの道に進むのが神様の御心《みこころ》なのか」を祈るときだと思いました。子どもの生い立ちをふり返り、「神よ、この子の天分にかないます使命に正しく導き給え、御心のごとくならしめ給え、あなたの智慧《ちえ》をもって導き給え」と祈りました。

すると、次男が、一年ほど一緒に暮らした八十五歳の主人の父に対して、同年輩の若者では考えられないほど優しく接していたことが思い出されました。それで、大学に入り、卒業して一般の競争社会で働くより、次男の本性に合った老人福祉の方へ進んだら、とすすめて、福祉の専門学校へ行くことになりました。

しかし、現実は厳しく、なぜこんなきつくて汚い仕事をしなければならないのか、と悩み、半年あまりで学校へ行かなくなりました。でも、そんな彼のもとへ、介護《かいご》の実習先で世話になったお年寄りの方たちから、感謝の手紙が送られてくるのです。

練成会に参加して

日頃、私たち夫婦が子どもたちに話していましたことは、「自分の力で判断できる年齢になったら、必ず練成会を受けてほしい。そして、そこで身をもって学んだものを、自分の人生に生かしてほしい…」ということです。

彼は、このことを思い出してくれ、「練成会に行って、自分の人生を考えてみる」と言って、生長の家宇治別格本山*で行われている十日間の練成会に参加しました。

そこで行事に参加した彼は、「同室に足の不自由な人がいて、その人の面倒をみてい

次男あてに届いたお年寄りからの感謝のハガキを手に母親の喜びを語る宮内さん

たら、何か不思議な気分がしてきて……もうちょっと残る」と言って、十日間にとどまらず、研修生として数ヵ月そこに残り、神聖な雰囲気に浸《ひた》って、家に帰ってきました。そして、彼は言いました。人のお役に立つ仕事が、神の世界に一番近いとわかったので、福祉の仕事をする決心が、できた、というのです。

「どうして?」

と、たずねると、人の世話が嫌《いや》で逃げた自分が、練成会でまた人の世話をしている。そのことに矛盾を感じながら、講話を聞いたりするうち、だんだん自分の使命が何であるかが絞《しぼ》られてきた、と。

そして、個人指導のとき、楠本加美野講師から、自分にとって使命のある仕事は、それを全《まっと》うし終わるまで、逃げても逃げても、追いかけてくるものだ、という意味のことを話されて、自分の使命にハッと気がついたということでした。

輝いて生きる

心が一転すると、すべてが順調に運びはじめました。

彼は福祉の専門学校を続けることにしました。そして、卒業と同時に、特別養護老人ホームに就職しました。

社会人として出発した彼ですが、私たちは、平成四年四月、主人が私大に移って、九州から東京八王子に引っ越してきました。

働きはじめて初めてのお正月に、わが家に帰ってきた彼は、私たちにお年玉の封筒を差し出して、こう話すのです。

「お父さん、お母さんには、ずいぶん迷惑をかけてしまいました。できの悪い息子をもって、恥ずかしい思いをしたことでしょう。できるだけ早く現場を卒業して、がんばりますから」

すると、主人が言いました。

「君の気持はよくわかった。しかし、本当に福祉の世界で役立つ人間になるなら、できるだけ長く現場で働きなさい」

酒をくみ交しながら親子で語り合う姿を、うれしく思いました。

彼は納得《なっとく》して、「実は、僕も、福祉の十年、二十年後を思って、どんな問題にも対応できる人になって、多くの人のお役に立ちたいと考えていました。そのため、幅広い専門分野の勉強もしたいと思っています」と、意欲を燃やしはじめました。この頃、私たちと同様、彼も、生長の家聖使命会の特志会員*にならせていただきました。

今年、次男は、勤務先の上司の紹介と推薦をいただいて、福祉を専門的に学べる大学に、社会人枠として入学することができました。しかも、大学の近くの老人ホームへの再就職も斡旋《あっせん》していただきました。入試は単なる学力試験ではなく、三年間の現場での体験を、百パーセント評価してもらえたようです。こうして、不思議な導きによって、一度はあきらめた大学生活がかなえられたのです。

昼間は老人ホームで働き、夜学ぶという、かなりハードな生活のようですが、新しい環境の中で、志を同じくする仲間にも恵まれ、福祉の専門家になる道を、希望をもって歩んでおります。

息子は、練成会で心が浄《きよ》められ、神にふり向いたときから、人のお役に立つ人となり、愛を施《ほどこ》すことの喜びを知りました。そして、自分の使命を知ったことから、彼の人生がひらけてまいりました。
五月の連休のひととき、さわやかな笑顔と生き生きした息子の姿に、使命感に生きる人の生命の輝きを見る思いがいたしました。御教えに生かされ、神さまから、大きなプレゼントをいただいた気がいたします。
この偉大な真理に、感謝の気持でいっぱいです。

ご主人・揺《さとし》さん（61歳）の話

福祉の仕事というのは、人様のお世話をさせていただくことによって愛を実現する、神さまに一番近い仕事です。また、息子には、一番向いていると思いますので、ずっとがんばってもらいたいですね。

（平成七年八月号　撮影／原　繁）

＊誌友＝生長の家の月刊誌の購読者。
＊生長の家宇治別格本山＝巻末の「生長の家練成会案内」を参照。
＊特志会員＝「生長の家聖使命会」の会員のうち、月々一万円以上を納入する人。

教化部名	所　在　地	電話番号	FAX番号
静岡県	〒432-8011　浜松市城北2-8-14	053-471-7193	053-471-7195
愛知県	〒460-0011　名古屋市中区大須4-15-53	052-262-7761	052-262-7751
岐阜県	〒500-8824　岐阜市北八ッ寺町1	058-265-7131	058-267-1151
三重県	〒514-0034　津市南丸之内9-15	059-224-1177	059-224-0933
滋賀県	〒527-0034　八日市市沖野1-4-28	0748-22-1388	0748-24-2141
京　都	〒606-8332　京都市左京区岡崎東天王町31	075-761-1313	075-761-3276
両丹道場	〒625-0081　舞鶴市北吸497	0773-62-1443	0773-63-7861
奈良県	〒639-1016　大和郡山市城南町2-35	0743-53-0518	0743-54-5210
大　阪	〒543-0001　大阪市天王寺区上本町5-6-15	06-6761-2906	06-6768-6385
和歌山県	〒641-0051　和歌山市西高松1-3-5	073-436-7220	073-436-7267
兵庫県	〒650-0016　神戸市中央区橘通2-3-15	078-341-3921	078-371-5688
岡山県	〒703-8256　岡山市浜1-14-6	086-272-3281	086-273-3581
広島県	〒732-0057　広島市東区二葉の里2-6-27	082-264-1366	082-263-5396
鳥取県	〒682-0022　倉吉市上井町1-251	0858-26-2477	0858-26-6919
島根県	〒693-0004　出雲市渡橋町542-12	0853-22-5331	0853-23-3107
山口県	〒754-1252　吉敷郡阿知須町字大平山1134	0836-65-5969	0836-65-5954
香川県	〒761-0104　高松市高松町1557-34	087-841-1241	087-843-3891
愛媛県	〒791-1112　松山市南高井町1744-1	089-976-2131	089-976-4188
徳島県	〒770-8072　徳島市八万町中津浦229-1	088-625-2611	088-625-2606
高知県	〒780-0862　高知市鷹匠町2-1-2	088-822-4178	088-822-4143
福岡県	〒818-0105　太宰府市都府楼南5-1-1	092-921-1414	092-921-1523
大分県	〒870-0047　大分市中島西1-8-18	097-534-4896	097-534-6347
佐賀県	〒840-0811　佐賀市大財4-5-6	0952-23-7358	0952-23-7505
長　崎	〒852-8017　長崎市岩見町8-1	095-862-1150	095-862-0054
佐世保	〒857-0027　佐世保市谷郷町12-21	0956-22-6474	0956-22-4758
熊本県	〒860-0032　熊本市万町2-30	096-353-5853	096-354-7050
宮崎県	〒889-2162　宮崎市青島1-8-5	0985-65-2150	0985-55-4930
鹿児島県	〒892-0846　鹿児島市加治屋町2-2	099-224-4088	099-224-4089
沖縄県	〒900-0012　那覇市泊1-11-4	098-867-3531	098-867-6812

●生長の家教化部一覧

教化部名	所　在　地	電話番号	FAX番号
札　幌	〒063-0829 札幌市西区発寒9条12-1-1	011-662-3911	011-662-3912
小　樽	〒047-0033 小樽市富岡2-10-25	0134-34-1717	0134-34-1550
室　蘭	〒050-0082 室蘭市寿町2-15-4	0143-46-3013	0143-43-0496
函　館	〒040-0033 函館市千歳町19-3	0138-22-7171	0138-22-4451
旭　川	〒070-0810 旭川市本町1-2518-1	0166-51-2352	0166-53-1215
空　知	〒073-0031 滝川市栄町4-8-2	0125-24-6282	0125-22-7752
釧　路	〒085-0832 釧路市富士見3-11-24	0154-44-2521	0154-44-2523
北　見	〒099-0878 北見市東相内町584-4	0157-36-0293	0157-36-0295
帯　広	〒080-0802 帯広市東2条南27-1-20	0155-24-7533	0155-24-7544
青森県	〒030-0812 青森市堤町2-6-13	017-734-1680	017-723-4148
秋田県	〒010-0023 秋田市楢山本町2-18	018-834-3255	018-834-3383
岩手県	〒020-0066 盛岡市上田1-14-1	019-654-7381	019-623-3715
山形県	〒990-0021 山形市小白川町5-29-1	023-641-5191	023-641-5148
宮城県	〒981-1105 仙台市太白区西中田5-17-53	022-242-5421	022-242-5429
福島県	〒963-8006 郡山市赤木町11-6	024-922-2767	024-938-3416
茨城県	〒312-0031 ひたちなか市後台字片岡421-2	029-273-2446	029-273-2429
栃木県	〒321-0933 宇都宮市簗瀬町字桶内159-3	028-633-7976	028-633-7999
群馬県	〒370-0801 高崎市上並榎町455-1	027-361-2772	027-363-9267
埼玉県	〒336-0923 さいたま市大字大間木字会ノ谷483-1	048-874-5477	048-874-7441
千葉県	〒260-0032 千葉市中央区登戸3-1-31	043-241-0843	043-246-9327
神奈川県	〒246-0031 横浜市瀬谷区瀬谷3-9-1	045-301-2901	045-303-6695
東京第一	〒112-0012 文京区大塚5-31-12	03-5319-4051	03-5319-4061
東京第二	〒182-0036 調布市飛田給2-3-1(仮事務所)	0424-90-5880	0424-90-5881
山梨県	〒406-0032 東八代郡石和町四日市場1592-3	055-262-9601	055-262-9605
長野県	〒390-0862 松本市宮渕3-7-35	0263-34-2627	0263-34-2626
長　岡	〒940-0853 長岡市中沢3-364-1	0258-32-8388	0258-32-7674
新　潟	〒951-8133 新潟市川岸町3-17-30	025-231-3161	025-231-3164
富山県	〒930-0103 富山市北代6888-1	076-434-2667	076-434-1943
石川県	〒920-0022 金沢市北安江1-5-12	076-223-5421	076-224-0865
福井県	〒918-8057 福井市加茂河原1-5-10	0776-35-1555	0776-35-4895

●生長の家練成会案内

総本山……長崎県西彼杵郡西彼町喰場郷1567　☎0959-27-1155

＊龍宮住吉本宮練成会……毎月１日～７日（1月を除く）

＊龍宮住吉本宮境内地献労練成会……毎月７日～10日（5月を除く）

本部練成道場……東京都調布市飛田給2-3-1　☎0424-84-1122

＊一般練成会……毎月１日～10日

＊短期練成会……毎月第三週の木～日曜日

＊光明実践練成会……毎月第二週の金～日曜日

＊経営トップセミナー、能力開発セミナー……（問い合わせのこと）

宇治別格本山……京都府宇治市宇治塔の川32　☎0774-21-2151

＊一般練成会……毎月10日～20日

＊神の子を自覚する練成会……毎月月末日～５日

＊伝道実践者養成練成会……毎月20日～22日（11月を除く）

＊能力開発研修会……（問い合わせのこと）

富士河口湖練成道場……山梨県南都留郡河口湖町船津5088　☎0555-72-1207

＊一般練成会……毎月10日～20日

＊短期練成会……毎月月末日～３日

＊能力開発繁栄研修会……（問い合わせのこと）

ゆには練成道場……福岡県太宰府市都府楼南５-1-1　☎092-921-1417

＊一般練成会……毎月13日～20日

＊短期練成会……毎月25日～27日（12月を除く）

松陰練成道場……山口県吉敷郡阿知須町大平山1134　☎0836-65-2195

＊一般練成会……毎月15日～21日

＊伝道実践者養成練成会……（問い合わせのこと）

○奉納金・持参品・日程変更等、詳細は各道場へお問い合わせください。

○各教区でも練成会が開催されています。詳しくは各教化部にお問い合わせください。

○海外は「北米練成道場」「ハワイ練成道場」「南米練成道場」等があります。

生長の家本部　〒150-8672　東京都渋谷区神宮前1-23-30　☎03-3401-0131　FAX03-3401-3596